aprica 2.

"La Valse"
par Camille Claudel

2/2 1893

Camille
Claudel

1864-1943

pagine d'Arte

əuᴉ̣ᵹɐd'Arte
di Matteo Bianchi
© 2002

Fotografie: Archivio di Reine-Marie Paris
(foto di François Jannin)

Fotolito: Studio 83, Vago di Lavagno (Verona)

Concezione e progetto grafico: Pagine d'Arte

Impaginazione e stampa: Arti Grafiche Veladini SA, Lugano

ISBN 88-86995-46-6

Sommario

Prologo

L'intensa emozione, spezzata, per la scultura e la vita di Camille Claudel, si ricompone fra le pagine d'arte in 'aprica', dopo il poemetto erotico delle *Carezze* di Martini. È un'emozione contenuta nell'intimità di un album-plaquette, che si potrebbe chiamare *l'occhio, la mano*.

La scelta delle immagini di Camille si dispone secondo un taglio soggettivo, dall'aurora della vita al declino del corpo, nel tempo delle figure perse nella malinconia. Immagine e testo agiscono per contaminazione integrandosi a vicenda: accanto alle figure della Claudel, sorgono citazioni affettuose e di impronta critica, scritte nel tempo di una vita difficile, e oltre.

L'introduzione è affidata alla mano sapiente di Reine-Marie Paris – nipote dell'artista e autrice del recente catalogo ragionato dedicato a Camille Claudel (edizioni Aittouarès, Parigi 2000) – che ha messo a disposizione le fotografie e preziose carte d'archivio.

L'album-plaquette, d'impronta raffinata e cordiale, si svolge con sobrietà quando costeggia il percorso espositivo al Museo Villa dei Cedri di Bellinzona e quando si pone fra le mani del lettore, di fronte al suo sguardo che dialoga con le opere e ne scorge l'emblema, *l'occhio e la mano*.

E anche quando si diffonde un magico suono, al passo di danza.

L'editore

Camille spinta al limite di sé
di Reine-Marie Paris

Oggi è l'8 dicembre, la data di nascita di Camille Claudel verso la quale provo un'emozione che si rinnova al momento di scrivere alcune righe d'introduzione a questo libretto che rende omaggio alla povera grande artista. Camille ha ceduto al suo destino per aver rifiutato di vivere in un mondo dove l'anima non era più al suo posto.

Camille è stata l'ultima scultrice romantica. I corpi e i volti che lei ha scolpito sono la rappresentazione di un'arte che esprime sentimenti umani. Sono condotti alla perfezione, ma ritrovano legittimità soltanto nelle tracce che lasciano in noi; sono il riflesso del percorso interiore dell'artista che si contrappone alle questioni teoriche. La mano e il cuore sono i suoi soli strumenti; esprimono in simbiosi perfetta lo stato d'animo sincero e spontaneo che è l'autentico segreto della sua arte che suscita da tempo tanta compassione in un pubblico così diversificato.

Gli storici dell'arte esitano a classificarla in un qualsiasi movimento: dall'espressionismo al romanticismo, passando per il classicismo, Camille Claudel sembra spostarsi in una via introvabile, in ogni caso indeterminata. Gli intellettuali le rimproverano di non aver saputo rompere con Rodin, di essersi chiusa in un'impasse. Gli artisti la capiscono ma non si spiegano lo slancio spirituale che anima la sua creazione.

Agli storici, ai tecnici dell'arte, agli intellettuali, Camille oppone una comunità di persone semplici che quello slancio sa cogliere, con amore per la poesia. Non so se Camille fosse pazza, ma so quanto ha sofferto, nel corpo e nello spirito, di essere un'artista incompresa nella solitudine del suo studio sul quai de Bourbon, dove al di là della povertà ha trovato la forza necessaria, strappata dal fondo di sé, per trasmettere ai suoi compagni di sventura il segreto della sua profonda identità che attraverso una magica virtù tocca un sentimento universale.

Camille racconta una storia, la sua storia. Rivela il segreto nella costrizione della stanza chiusa, l'ultimo messaggio di quel piccolo fiore di campo chiuso nel giardino di Villeneuve, dove dall'alto del suo pulpito l'illustre fratello contemplava il mondo. Camille non si è rinchiusa. Si è spinta al limite di sé. Ha rischiato tutto, posseduta da un'immaginazione creativa che trascende il tempo, distruttore. Alla fine del viaggio Camille è arrivata intatta, e libera.

Oggi Camille non è più una sconosciuta e vede aprirsi la via incerta della notorietà, nella proposta di un insieme di opere realizzate all'unico scopo di soddisfare gli utenti che possono trarne il loro esclusivo beneficio. I grandi temi delle sue composizioni toccano l'amore, l'infanzia, la morte. Non sono confessioni impudiche di una giovane donna alla ricerca di se stessa, ma un suo modo di fissare avvenimenti e sentimenti vissuti.

Così *Le jeune romain* rivela l'ammirazione per suo fratello Paul, *Sakountala* è il poema epico della sua passione per Rodin, *La valse* una fuga persa nel giro di una danza funebre, *La petite châtelaine* l'angoscia dell'infanzia di fronte al mondo sconosciuto, *L'Age mûr* l'allegoria del suo destino del tempo impegnato nella sua distruzione, *Persée et la Gorgone* la prefigurazione del suo suicidio interiore.

Attraverso il suo linguaggio scultoreo, Camille dà vita a ciascuna della sue creazioni. Non sono pezzi di gesso, bronzo, terra o marmo ai quali ha imposto delle forme, ma dei poemi palpitanti di vita, delle urla, dei monumenti, di luci ed ombre, come vetrate splendenti per l'effetto di un astro supremo. La scultura di Camille è un'opera in cammino.

E vorrei chiudere con una citazione di Paul Claudel: "Chi è felice e soddisfatto non mi riguarda. È il dolore che fa nel mondo il grande buco attraverso il quale agisce il mio sguardo".

Parigi, 8 dicembre 2001

La scrittura sofferta di poemi del dolore...

di Matteo Bianchi

Il simbolista Gustave Kahn nel 1905 scriveva: "Si conosce la maniera rigorosa di Camille Claudel, questa sua verve temperata di grazia che caratterizza l'esecuzione della scultura; la sua ricerca è la più innovativa e informata, ed è la più sincera".

Sul concetto originale di 'sincerità dell'arte' insiste anche Gian Pietro Lucini – sperimentatore geniale di poetica simbolista – nei 'prolegomena' al suo *Libro delle Figurazioni Ideali* già nel 1894, quando scrive che "il simbolismo è arte libera, dei sensi [...] fondata su segrete concordanze soggettive", per cui emozione e linguaggio corrispondono nel riflettere l'idea.

Lo stile individuale approntato dalla Claudel richiama l'assunto poetico simbolista legato alla semplicità nel figurare il discorso interiore che si enuncia oltre la resa del dato reale, al di fuori delle rappresentazioni a carattere monumentale che hanno informato la scultura del suo tempo.

L'intento della scultrice rispecchia l'impronta del dolore connessa a un sentimento poetico appassionato e triste, malinconico, a tratti febbrile, di rado lirico.

Sostenuta da un'impareggiabile forza immaginativa, Camille Claudel compone nella propria lingua i suoi poemi del dolore, fra luci e ombre e conduce in estrema sintesi, con lucidità, il suo discorso figurativo connesso a un simbolismo dei sensi, percorso da venature romantiche.

Lo sguardo dei suoi personaggi è chiuso, la bocca aperta, la mano tesa, la pelle rugosa e i loro corpi sono in movimento, appena deformati in torsione spinta, plasmati con ritmo sapiente, sostenuti da nostalgia e passione, quasi estenuati. La verità sofferta delle figure si traduce nei titoli pregnanti dell'*età matura*, e dell'*abbandono*, ma anche nelle garbate scene di genere intrise di malinconia – *conversazione, al camino* – nell'estremo giro appassionato di *valzer*, nei ritratti sensibili e premonitori dell'infanzia intesa come difficile *aurora* della vita.

Il corpo dell'opera della Claudel si pone nella sua verità, oltre la leggenda alimentata dalla sua disgraziata esistenza che si riflette soltanto nella tesa implorazione dell'*età matura*, che è forse la sua sola opera di impronta autobiografica.

Un filo d'inquietudine, sottile e profonda, lega tutte le figure di Camille Claudel a un destino complesso, esitanti con passione, perse nella meditazione.

Il linguaggio corrisponde all'emozione, vibrante senza fine, nella misura del gesto, nel controllo dei sensi – l'occhio, la mano e l'ascolto inebriante della musica che traduce il ritmo interno del corpo.

La sua arte sincera oscilla fra i sensi dell'abbandono e del desiderio e sa esprimere sentimenti forti, con misurato slancio romantico.

... dall'aurora della vita al declino del corpo

La sequenza delle immagini si disegna in libertà nel teatro della vita dell'artista che dispone le sue figure.

Sono le strofe di un intenso poema visivo del dolore che racconta il passaggio dall'aurora della vita, con le sue fragili speranze, al declino del corpo che tocca l'età matura. Sono i versi delle vite perdute nelle pieghe della sofferenza consapevole che estingue il quotidiano, nelle pieghe del tempo ingrato che spegne il desiderio.

L'infanzia cresce nella scuola del dolore mentre altre figure stanno ad occhi chiusi, piegate su se stesse: sono chiamate a pensare le proprie storie di vita.

Le storie di corpi uniti nella riconciliazione, come la leggenda indiana di Sakountala, divisi nell'abbandono, e ancora, sospesi in amore, strappati alla vita e alla morte nel valzer della passione.

La sequenza soggettiva delle immagini si chiude sullo sguardo scavato, deluso e triste con i segni delle rughe sui volti vissuti, lasciati a morire sul bordo estremo della vita, sulla soglia della porta dell'inferno.

Una linea d'ombra ineluttabile taglia le figure, mentre la sua mano è lì che plasma il nostro sguardo sulle cose.

Implorante sul proprio abisso, Camille scrive che c'è sempre qualcosa di assente che la tormenta.

Il mistero del suo sguardo meravigliato
e profondamente interrogativo
ha colpito la mia curiosità di quando ero bambina.
Mi stupivo dello stupore di questa bella ragazzina
nata dalle mani della mia prozia Camille.
E sono grata alla Petite Châtelaine
per avermi aiutata a guardarla con i suoi occhi.

Reine-Marie Paris, 2000

Itinerario attraverso le figure

C'est une fillette aux traits énergiques et frêles.
Le petit visage ambigu.
Il y a, dans la disposition de cette tête déjà trop vivante,
ouverte sur les mystères éternels,
quelque chose d'indéfinissable
qui communique une angoisse profonde.

Mathias Morhardt, 1894

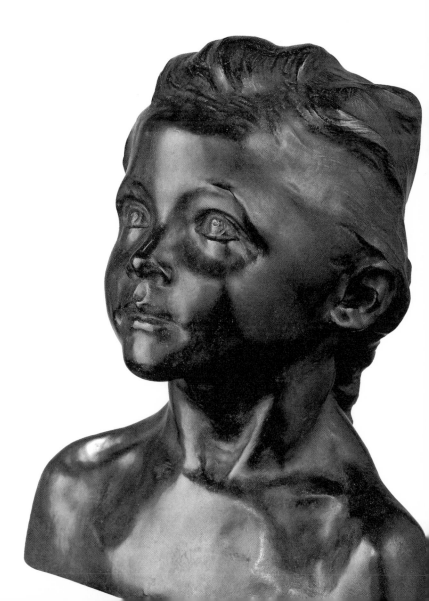

3. **La femme aux yeux clos**, 1885

4. **Femme accroupie**, 1884 - 1885

J'y vois cet instinct de l'animal qui se replie
et se recourbe sur soi-même pour échapper à la prise,
aveugle à défaut d'invisible,
de quelqu'un qui cherche en soi-même
un refuge contre le danger,
et pas seulement contre le passé,
mais contre le présent.

Paul Claudel, 1951

Je pense à Mademoiselle Camille Claudel,
qui va bientôt réaliser un art particulier personnel,
d'observation directe,
si j'en crois la précieuse indication
de ce Croquis d'après nature,
les femmes ressemblées
pour écouter une histoire
dans l'ombre d'une encoignure,
apparition de vérité intime,
poésie de la vieillesse et de l'aube.

Gustave Geoffroy, 1895

5. **Les causeuses**, 1893

La poésie discrète
de morceaux comme
Au coin du feu
est d'une exquise délicatesse:
leur âme intérieure restera
comme une notation précise
de la douceur
d'une femme moderne,
et qui pense.
Cette femme serrée
contre sa cheminée
ne semble-t-elle pas redire
toutes les douleurs
de celles qui doivent vivre
abandonnées par un homme,
et ne conservent
plus que cette flamme légère
de leur âme,
symbolisée
par le scintillement
du foyer?

Charles Morice, 1906

La Valse,
dans un mouvement spiral
et une espèce d'envol,
elle est emportée
dans un tourbillon
de la musique et de la passion.

Paul Claudel, *Journal*, 11.x.1943

Je ne sais pas où il vont, si c'est à l'amour,
si c'est à la mort ; mais ce que je sais,
c'est ce que se lève de ce groupe
une tristesse poignante, si poignante qu'elle ne peut
venir que de la mort, ou peut-être de l'amour,
plus triste encore que la mort.

Octave Mirbeau, 1893

7. **La Valse**, 1895 ca.

8. **L'implorante**, 1898 ca.

Il y a toujours quelque chose d'absent qui me tourmente.

Lettre de Camille à Rodin, 1886

L'Age mûr, l'oeuvre la plus déchirante.
L'homme lâche, emporté par l'habitude
et la fatalité mauvaise,
jeune femme à genoux derrière lui
et séparée qui lui tend les bras.

Paul Claudel, *Journal*, 11.x.1943

C'est ici de la sculpture de sentiment.

André Michel, 1903

Toi que je n'ai pas su reconnaître,
Toi que j'ai repoussée, oh! viens! console-toi!
Un pouvoir inconnu subjuguait tout mon être :
C'était lui qui parlait en moi!
L'homme dont l'esprit dort chasse d'un air farouche
La Fortune qui vient à sa porte frappant,
Et l'aveugle craintif, ignorant qui le touche,
Prend une fleur pour un serpent!

Louise Labbé

10. **Sakountala**, 1886 - 1888

11. **L'abandon**, 1905

Je ne connais rien de plus touchant et de plus noble
que le mouvement de cette femme
en ce moment d'abandon,
rien de plus purement ému
que cet embrassement de l'homme
aux bras ouvertes, avides et reconnaissants.

Charles Morice, 1905

La vielle femme au front ridé
regarde farouchement devant elle.
Ses yeux sont doux et bons.

Mathias Morhardt, 1898

L'ombre y est partout
parente de la détresse, des trouées;
elle creuse les noirs de la bouche,
les orbites d'où se retire le regard.
Elle se loge dans les replis de la chair
et les rentrées de l'ossature.
Elle exalte les empreintes de la douleur,
elle garde les traces des doigts modelant l'argile,
telle l'écriture de la souffrance marquée
dans le corps de la terre.

Gérard Bouté, 1995

14. **Thorse de Clotho chauve**, 1893

15. **La main**, 1885 ca.

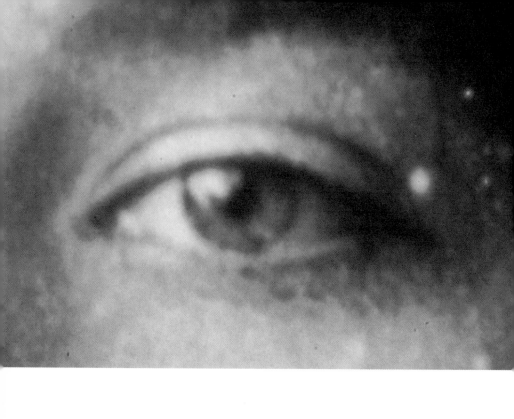

16. **Camille Claudel** (photo César, 1882)

17. Camille sculptant Sakountala

18. **Camille déguisée**

19. Camille sculptant Sakountala,
à l'arrière-plan Jessie Lipscomb

20. Paul Claudel le bras passé autour d'un buste de Camille, 1955

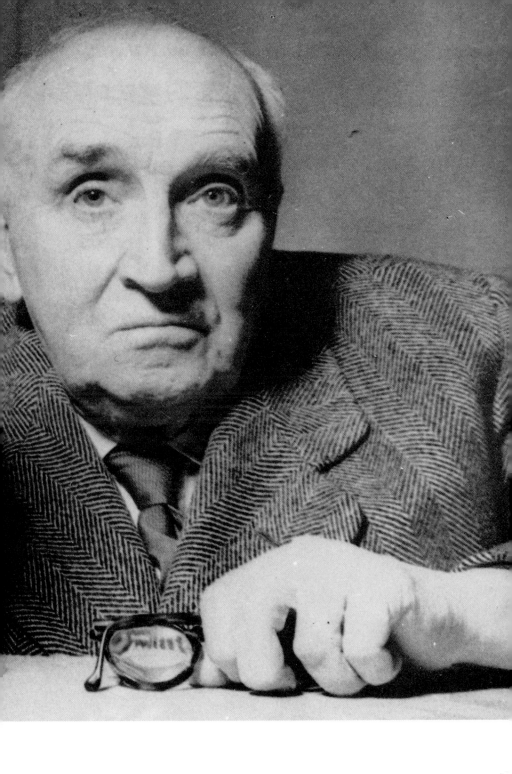

21. **Paul Claudel à vingt ans** (crayon de couleur)

22. **Potrait de Paul Claudel** (photographie)

23. **Portrait de famille sur le balcon. Paris, boulevard de Port-Royal**

24. **Camille Claudel vers 1890**

25. **Camille à Montdevergues**

Il tragico destino di Camille
non spiega direttamente né il suo stile né i suoi temi.
Soltanto una lettura retrospettiva,
a conoscenza del dramma finale,
fa sorgere dalle sue creature
tutti i presagi della disgrazia.
Ma la sua arte ignora lo strazio dello spirito,
il tremito della mano o la confessione impudica.
Su questa figura così fiera
anche nel suo terribile silenzio,
la sofferenza è controllata
e non disgrega in nessun caso
la sua ammirevole densità espressiva.

I due scultori si distinguono
per due diverse concezioni del tempo.
Rodin esalta il corpo senza tempo,
mentre Camille racchiude la vita in un destino.
Camille scolpisce senza tregua,
dall'infanzia alla vecchiaia,
le deformazioni dell'età,
per cui l'azione del tempo suscita il senso tragico
che in Rodin si potrebbe compiere soltanto con la morte.

Arnaud de la Chapelle, 1989

Apparati

Schede di catalogo

1 *L'aurore*
1893
bronzo
33,2 x 25,7 x 30,7 cm
RMP. cat. 10

2 *La petite châtelaine*
(natte droite)
1893
bronzo
33 x 28 x 22 cm
RMP. cat. 33

3 *La femme aux yeux clos*
1885
bronzo
37 x 35 x 20 cm
RMP. cat. 10

4 *Femme accroupie*
1884 – 1885
bronzo
37 x 37 x 24 cm
RMP. cat. 6

5 *Les causeuses*
1893
bronzo e marmo
32 x 34 x 24 cm
RMP. cat. 43-2

6 *Rêve au coin du feu*
1899
marmo e bronzo
22 x 29,5 x 24,5 cm
RMP. cat. 55

7 *La Valse*
"Frits Thaulow"
1895 ca.
bronzo
42,5 x 39 x 18 cm
RMP. cat 28-2

8 *L'implorante*
(petit modèle)
1898 ca.
bronzo
28,3 x 25,5 x 16 cm
RMP. cat. 41

9 *L'Age mûr*
1907
bronzo
61,5 x 85 x 37 cm
RMP. cat. 42

10 *Sakountala*
1886 – 1888
bronzo
188 x 108 x 59 cm
RMP. cat. 23

11 *L'abandon*
(petit modèle)
1905
bronzo
43 x 36 x 19 cm
RMP. cat. 62

12 *La vieille Hélène*
1882
terracotta
28 x 20 x 24 cm
RMP. cat. 4

13 *Tête d'esclave*
1885 ca.
bronzo
13 x 8,5 x 11,5 cm
RMP. cat. 14

14 *Thorse de Clotho chauve*
1893
bronzo
41 x 20 x 15 cm
RMP. cat. 31

15 *La main*
1885 ca.
bronzo
4 x 10 x 4,5 cm
RMP. cat. 31

Le sculture riprodotte [1-15] appartengono a Reine-Marie Paris, nipote di Camille Claudel e autrice del recente catalogo ragionato dedicato all'artista (edizioni Aittouarès, Parigi 2000) da cui sono tratti i documenti d'archivio [16-25].

Scheda biografica

Camille nasce l'8 dicembre 1864. Il primo contatto con la scultura avviene nel 1876 grazie all'incontro con Alfred Boucher. Tre anni dopo è a Parigi dove frequenta l'Accademia Colarossi e conosce la scultrice inglese Jessie Lipscomb. Ai primi anni Ottanta, l'esordio con il gesso *La vielle Hélène* e l'inizio del sodalizio con Rodin; nell'84 entra nel suo atelier come praticante e modella e nell'88 si stabilisce al suo fianco nello studio della Folie-Neubourg in Boulevard d'Italie. Fino al '92 lavora a fianco di Rodin con il quale vive una relazione complessa e compie alcuni viaggi di piacere e di studio, in Anjou e Touraine. Le sue opere nel frattempo iniziano a figurare alle principali mostre ai Saloni dove ricevono i primi riconoscimenti, in particolare con *Sakaountala* che ottiene una menzione al Salone del 1888. Nel '92, l'anno in cui forse subisce un aborto, lascia la Folie-Neubourg e si trasferisce in avenue de la Bourdonnais, rendendosi conto che Rodin non intende separarsi dalla sua compagna. Durante la prima metà degli anni Novanta, quando incontra Debussy e frequenta Renard e Léon Daudet, la sua attività è intensa e originale, staccata dall'influsso di Rodin e vicina all'Art Nouveau. Nascono in questo periodo le prime versioni della *Valse* e le varianti della *Petite Châtelaine*. Nel '98 lo Stato le commissiona *L'Age mûr*, considerata una fra le poche sculture di contenuto autobiografico, ma l'incarico viene annullato tre anni dopo. Al '98 risale la definitiva rottura con Rodin e il trasferimento nel suo ultimo stu-

dio, in quai Bourbon sull'Ile Saint-Louis. L'incontro con il galle-
rista e fonditore Eugène Blot, nel 1900, porta un clima di fidu-
cia intorno al suo lavoro e fra i collezionisti. Durante i primi
anni del Novecento la sua attività espositiva è intensa e suo fratello, lo scrittore Paul, pubblica *Camille Claudel statuaire* (1905)
e un saggio sul genio di Rodin. Seguono alcune importanti
commesse pubbliche (*L'abandon*, 1907) e mostre di sculture
da Eugène Blot. Tuttavia nel 1912 il suo isolamento è quasi
totale, mentre alcune sue sculture sono esposte a Roma.
L'anno seguente, subito dopo la morte del padre, viene inter-
nata. Durante i trent'anni di reclusione nelle case di cura le
rendono visita l'amica Jessie Lipscomb, il fratello Paul, mentre
il critico Mathias Morhard offre il necessario sostegno alla sua
opera. Camille muore a Montdevergues il 19 ottobre del 1943.
Nel 1951 si tiene una prima retrospettiva voluta da Paul
Claudel al Musée Rodin, ma la vera riscoperta della sua opera
avviene soltanto nel 1984 con la seconda retrospettiva al
Musée Rodin e nel 1988 con la mostra di studio ordinata da
Anne Pingeot al Musée d'Orsay. La fortuna critica di Camille
Claudel − oltre che sull'ala del successo del film del 1988 con
Isabelle Adjani e Gérard Depardieu − è sostenuta dalle ricer-
che portate innanzi dalla nipote Reine-Marie Paris, autrice del
primo catalogo ragionato nel 1990, seguito dalla nuova edi-
zione del 2000 che ha determinato le attuali esposizioni nel
2001-'02 (Laren, Carcassonne, Roanne, Bellinzona, Cambrai).

Catalogo

libretto. rivista semestrale

aprica. plaquettes
Alberto Martini
Camille Claudel

quaderni di biolda
collana di monografie di artisti contemporanei

monografie e cataloghi
Vieira da Silva, Magnelli, Michaux, Moser, Dobrzanski
Cavalli, Della Torre, Ferrari, Lucchini, Magnani, Napoleone

sintomi. collana di saggi
Baudrillard, Schefer, Jouanard, Bruno, Nodier, Tadini

pagine d'Arte

Via Zebedia 9 – I 20123 Milano
Aprica – 6950 Tesserete (Svizzera)

KT-313-785

ISBN 88-86995-46

9 788886 995467

€ 16